AF331971

OBSERVATIONS

SOMMAIRES

SUR L'ARRESTATION

DE

M. DE NAUNDORFF,

EN INSTANCE DEVANT LE TRIBUNAL DE LA SEINE POUR ÊTRE
RECONNU FILS DE LOUIS XVI, SAUVÉ DU TEMPLE,

Soumises à la Magistrature

PAR LES MEMBRES PRÉSENS DU CONSEIL
JUDICIAIRE PRÉPOSÉS A SA DÉFENSE.

A PARIS,

RUE DU CROISSANT-MONTMARTRE, N. 7.

—

1836.

Observations Sommaires

SUR L'ARRESTATION

DE

M. DE NAUNDORFF.

C'est un droit pour tout honnête homme d'empêcher un abus de pouvoir quand il en a les moyens ; c'est une impérieuse obligation pour un avocat de s'interposer entre l'autorité et son client, quand celui-ci se trouve victime d'une flagrante violation de la loi.

Les soussignés, dans toute l'énergie d'une conscience qui ne sait pas transiger avec ses devoirs, accompliront la noble tâche qu'ils se sont imposée en acceptant la confiance de M. de Naundorff, aujourd'hui en instance devant le tribunal de la Seine pour se faire restituer le nom de duc de Normandie, qu'il soutient lui appartenir. La solution de la difficulté qui vient de nous être suscitée par le pouvoir ne peut être indifférente pour l'opinion publique. Ici les sentimens divers de la nation doivent se confondre ; il s'agit de la cause de la liberté individuelle.

Quel que soit l'homme contre lequel une violence

illégale est dirigée, il est digne, par cela même, de l'intérêt de tous ses concitoyens. La loi seule est la règle d'action possible pour l'autorité, et quand une fois l'arbitraire opprime un individu, si la justice n'est pas saisie, à l'effet de rappeler le fonctionnaire qui s'égare à l'exécution des lois, et de soustraire l'opprimé aux funestes conséquences de l'illégalité qui pèse sur lui, il n'y a plus de sécurité pour personne.

Nous n'essaierons pas de combattre en ce moment les impressions hostiles qui ont accueilli en France l'annonce du grand procès qui s'instruit. Le jour n'est pas éloigné où il nous sera permis de déchirer le voile qui enveloppe encore les quarante années d'existence que notre client a passées dans les cachots et sous l'oppression permanente des diverses combinaisons politiques. Bientôt nous livrerons au public les motifs de notre conviction, et toutes les incrédulités viendront s'anéantir devant des documens qui ne laisseront plus aux esprits de bonne foi la possibilité d'un doute. Ici nous ne traitons qu'une question de légalité ; nous rendons compte aux barreaux de France, à la magistrature, aux gens de bien dont le témoignage nous importe, des efforts que nous avons faits jusqu'ici, pour repousser une injustice qui nous révolte.

On sait que depuis plus de trois ans M. de Naundorff, qui avait exercé la profession d'horloger mécanicien en Prusse, vint s'établir à Paris, et qu'à l'exception de quelques courtes et rares absences, il n'a pas quitté la capitale. Ce nom, qui lui avait été imposé par le gouvernement prussien pour le soustraire au despotisme de Napoléon, couvre la prétention d'être *Français, né au château de Versailles le 27 mars 1785*. Dès 1814, et successivement jusqu'à son arrivée en France, il n'a cessé de s'adresser aux Bourbons, et de leur redemander le nom qu'il sait lui appartenir. Toutes ses démarches ont eu pour résultat de soulever contre lui des passions haineuses et de l'exposer aux intrigues d'une diplomatie qui le fit accuser *mensongèrement* devant la justice de Brandebourg et arrêter comme un malfaiteur, lui qui venait d'obtenir des magistrats de Spandau un certificat attestant qu'il fut toujours le modèle des bourgeois de sa résidence. Ses ennemis se prévalent aujourd'hui de ces persécutions politiques pour attaquer sa moralité et le signaler à ses compatriotes sous un aspect ridicule et flétrissant. Nous qui l'avons vu dans ses jours de liberté, qui le visitons sous les verrous, nous devons, par hommage pour la vérité, déclarer aussi à notre tour qu'il est en France le modèle des hommes de bien. Noblesse d'ame, sensibilité du cœur, amour de la vérité, pardon des injures, horreur du vice, sous quelque face qu'il se présente, sont les traits saillans de son caractère. Voici le cinquième jour qu'il est détenu sous le misérable prétexte que *c'est un étranger*, comme si nos lois autorisaient l'arrestation préventive des étrangers qui, en respectant ces mêmes lois, résident paisiblement au milieu de nous. Son attitude est celle du juste qui se repose avec sérénité dans une conscience irréprochable, qui supporte avec le courage de la vertu les souffrances qu'un pouvoir mal conseillé lui impose illégalement, attendant, sans l'amertume de la plainte, que l'erreur dont il est la victime soit réparée.

A peine arrivé à Paris, notre client prévint officiellement le roi des Français et de sa résidence en France, et de ses prétentions, qu'il déclara immédiatement devoir être portées devant ses juges naturels.

Ces prétentions, il voulut de suite les faire reconnaître par les tribunaux ; mais aucun avoué n'ayant consenti à occuper pour lui, M. le président du tribunal de première instance lui en désigna un d'office.

Ces prétentions, elles étaient publiquement annoncées. Lors du procès de *Richemont* devant la cour d'assises de la Seine, M. Morel de Saint-Didier remit une lettre au président, dans laquelle M. de Naundorff traitait ce prévenu d'imposteur, et déclarait son intention de saisir les tribunaux d'une demande en réclamation d'état.

Ces prétentions, elles n'étaient ignorées de personne : un journal, d'une bien courte existence à la vérité, entretenait chaque jour le public de cette importante affaire et fournissait des renseignemens favorables.

Enfin sa moralité, sa probité n'étaient ignorées de personne, et tout le monde savait que le rédacteur en chef du journal *la Justice* l'avait traduit en police correctionnelle comme escroc ; et après le plus simple examen tout le monde savait aussi que le véritable escroc n'était pas celui qui paraissait sur le banc des prévenus.

Le 13 de ce mois une assignation, déposée et visée au parquet de M. le procureur du roi, cite madame la duchesse d'Angoulême devant le tribunal de première instance.

D'où vient donc que le 15, par conséquent *deux jours après la citation,* sans motif, sans qu'on se soit donné la peine d'en indiquer un, sans qu'on ait donné copie du mandat d'arrêt lancé contre M. Naundorff, on l'ait enlevé de son domicile et qu'on ait saisi ses papiers, sans même prendre la peine d'en dresser un état !

Depuis deux ans, nous en sommes informés, l'autorité cherchait un prétexte et une occasion de l'arrêter. Tous ses pas, toutes ses démarches étaient donc éclairés; et cependant on le laissait libre et tranquille. Pourquoi? parcequ'on ne pouvait lui reprocher aucune infraction aux lois.

Comment alors s'expliquer qu'aussitôt qu'il prend une position plus solide, la seule convenable, qu'aussitôt qu'il se place sous l'égide des lois en soumettant aux juges civils la question d'état, qu'eux seuls sont compétens pour décider, tout à coup la bienveillance de l'autorité cesse à son égard, et qu'on le jette dans une prison?

On nous a dit que *comme étranger,* le gouvernement avait donné l'ordre de l'expulser de France. Mais, s'il est étranger, à quelle nation appartient-il?

Il n'a jamais habité que la Prusse, en 1810, et nous lisons l'article suivant dans la *Gazette d'Etat de Prusse*, du...

Berlin, 30 mai. — Au mois de juillet prochain il sera plaidé devant le tribunal de première instance du département de la Seine un procès qui ne va pas manquer d'exciter la curiosité. M. Naundorff, connu par son séjour de plusieurs années en Prusse, où il a exercé la profession d'horloger, *veut établir et prouver en justice la fausseté de l'acte mortuaire de Louis XVII, dressé sous la date du 8 juin 1795.* Il s'arroge et prend lui-même les noms de Charles-Louis, et la qualité de dauphin de France, fils de Louis XVI et de Marie-Antoinette. On est ici très curieux de connaître la marche et l'issue de cette affaire, qui intéresse à un aussi haut point par son importance, par la quantité et la qualité des témoins qui seront entendus contradictoirement pendant les débats, et dont les dépositions ne peuvent pas manquer de présenter le plus vif intérêt. *Toutes les démarches faites pour découvrir la famille et le lieu de naissance de M. Naundorff n'ont, en général, abouti à aucun résultat satisfaisant.* On est seulement parvenu à savoir que M. Naundorff est arrivé en Prusse en 1810 ; qu'il a *joui* pendant deux années *du droit de bourgeoisie à Spandau, et qu'il s'est marié ici en 1818, sans qu'il « eût produit son extrait de naissance. »* Il n'y a rien de moins prouvé, sans doute, que le décès réel du Dauphin dans la prison du Temple, et cette circonstance, jointe à l'incertitude de l'origine de M. Naundorff, promet, dans tous les cas, des débats on ne peut plus intéressans, que nous ferons connaître à nos lecteurs.

Nous ne connaissons de lois sur les individus étrangers que celle citée dans la plainte à M. le

garde-des-sceaux, et celle du 28 vendémiaire an VI.
L'article 7 est ainsi conçu :

Art. 7. Tous étrangers voyageant dans l'intérieur de la
république ou y résidant sans y avoir une mission des
puissances neutres et amies, reconnues par le gouvernement
français, ou sans y avoir acquis le titre de citoyen, sont
mis sous la surveillance spéciale du directoire exécutif, qui
pourra retirer leurs passeports et leur enjoindre de sortir du
territoire français s'il juge leur présence susceptible de
troubler l'ordre et la tranquillité publique.

Nulle part, dans ces deux lois, le pouvoir n'est
autorisé à faire précéder l'expulsion d'une arrestation provisoire et à saisir les papiers de l'étranger.
Combien cette saisie est perfide lorsque ces papiers
sont des documens à un procès commencé !

Au moment où l'arrestation de notre client a eu
lieu toutes les présomptions, même légales, sont
en faveur de sa prétention d'être Français. Les tribunaux étaient saisis; la question désormais était
du domaine de la justice civile, et les mesures prises
par l'administration, indépendamment qu'elles ne
sont justifiées par aucune loi, sont encore une at-
teinte portée à l'indépendance de la magistrature
judiciaire, une violation du droit légitime de la
défense, la privation, pour un citoyen qui se dit
Français, et qui l'est en effet jusqu'à preuve contraire,
de la plus sacrée des garanties, e la liberté individuelle.

Nos protestations ont été fermes et réitérées au-
près des diverses branches du pouvoir. Nous atten-

dons avec anxiété une solution qui tarde bien à venir.

Paris, 19 juin 1836.

Les avocats membres du conseil judiciaire de M. le duc de Normandie,

> MM. GRAVAU, ancien procureur du roi, BRIQUET, avocat à la cour royale, G. BOURBON-LEBLANC, avocat consultant.

(Suit la copie de la réclamation adressée à M. le ministre de la justice.)

A MONSIEUR LE MINISTRE DE LA JUSTICE.

Les avocats soussignés, faisant partie du conseil judiciaire de M. de Naundorff, se prétendant fils de Louis XVI, ont l'honneur d'exposer ce qui suit :

Depuis plus de trois ans, la réclamation d'état de M. de Naundorff a été l'objet de l'attention de la France ; le gouvernement en a été instruit, et la police n'ignorait pas qu'il était en France et résidait publiquement à Paris long-temps avant ce jour. Tous ses pas, toutes ses démarches, toutes ses communications ont été, nous n'en doutons pas, l'objet d'une surveillance spéciale de la part de l'autorité ; lors du procès de l'imposteur Richemont, il a déclaré hautement, par une lettre adressée au président de la cour, que lui seul était en possession réelle du titre de duc de Normandie. Le porteur de cette missive, mis à l'instant en état d'arrestation par un réquisitoire du ministère public, a obtenu un arrêt d'acquittement, dont la conséquence était de placer le réclamant sous la protection légale des magistrats. En réponse au libelle diffamatoire que le sieur Thomas lui avait dénoncé, un jugement qui flétrit l'accusateur était encore pour lui un nouveau titre à la confiance que les lois de son pays le protégeraient contre l'arbitraire du pouvoir. Le roi des Français avait été prévenu officiellement par lui de son intention de faire déclarer par ses juges naturels qu'il est né Français, et qu'il n'a été privé de son état civil que par un faux acte de décès. Le 13 de ce mois, il a assigné sa famille de Prague devant le tribunal de première instance de la Seine; l'exploit a été visé au parquet de M. le procureur du roi... Comment donc s'expliquer qu'en présence de tous ces faits notoirement connus, et spécialement par l'autorité, le 15 du même mois, par ordre de M. le préfet de police, il ait été enlevé de son domicile, incarcéré, et qu'on l'ait dépouillé de tous les papiers qui sont sa propriété et les titres qu'il doit présenter dans son procès à l'appui de sa réclamation? Le mandat ne précise aucunement la cause d'une mesure aussi rigoureuse, et qui ne peut être que la suite d'un genre quelconque de prévention qui doit être expliqué.

Les démarches faites par les conseils de M. de Naundorff à la préfecture de police et au ministère de l'intérieur leur ont appris qu'on voulait lui appliquer une législation temporaire, susceptible d'atteindre les étrangers, et le faire conduire hors de France par la gendarmerie. Dans l'ignorance où nous sommes des dispositions de la loi qu'on prétend exécuter, nous ne pouvons nous convaincre qu'elles soient sainement entendues. Toujours est-il qu'en supposant une loi qu'on n'a pas citée et que nous ne connaissons pas, nous ne pourrions encore comprendre l'enlèvement de papiers au milieu desquels le pouvoir n'avait pas le droit de fouiller.

La loi du 21 avril 1832 autorise, il est vrai, le gouvernement à réunir dans une ou plusieurs villes qu'il désignera *les étrangers réfugiés* qui résideront en France (art. 1er).

Par l'art. 2. le gouvernement peut *enjoindre à ces étrangers réfugiés* de sortir du royaume, s'il juge leur présence susceptible de troubler l'ordre et la tranquillité publique.

L'art. 3 décide que cette loi ne *sera en vigueur* que pendant une année, à compter du jour de sa promulgation.

Evidemment ce n'est pas là la loi que M. le ministre de l'intérieur entend appliquer à notre client; elle n'autorisait pas l'arrestation; elle n'est plus en vigueur, et elle fut rendue pour un cas tout spécial; cependant nous ne pouvons nous dissimuler qu'elle seule a dû être le prétexte bien illégal, sans doute, des violences dont a le droit de se plaindre le prétendant duc de Normandie.

Comment, du reste, le pouvoir administratif, incompétent pour donner une patrie à un individu, peut-il s'arroger le pouvoir arbitraire de considérer comme étranger, pour le jeter hors du sol français, celui qui ne cesse de dire qu'il est Français, et qui, sous ce rapport, en instance devant un tribunal français, attend avec confiance la confirmation de cet état qu'il réclame ?

C'est décider bien illégalement une question qui n'est pas du domaine de l'administration, uniquement dans le but arbitraire de frapper de l'ostracisme l'homme qu'on ne peut chasser de France sous l'empire de la liberté qu'assurent nos lois civiles et politiques. Voyez la conséquence affreuse d'une marche si insolite! Si le tribunal civil admet la prétention, l'administration aura tourné alors contre un citoyen français les lois de son pays qui devaient le protéger.

C'est entraver le cours de la justice et empiéter sur des juridictions distinctes ; c'est violer le secret des papiers de familles ; c'est s'immiscer par usurpation de droits dans des communications que le seul propriétaire des documens écrits a le droit de soumettre à ses juges naturels ; c'est presque empêcher que justice ne soit rendue ; c'est du moins apporter des obstacles à la suite naturelle d'un procès intenté, dont les funestes conséquences sont incalculables pour la victime de ces abus de pouvoir. Si un pareil mode d'administration pouvait être sanctionné par M. le ministre de la justice, ce serait, avec effroi, qu'on pourrait s'écrier qu'il n'y a plus de liberté en France.

En présence de tous ces faits, qui sont de la plus haute gravité, monsieur le ministre, et que nous vous dénonçons, nous pensons qu'il suffit de vous rappeler l'art. 77 de l'acte du 13 décembre 1799, les articles du Code pénal 114, 115, 116, 117 et 119 et l'art. 29 du Code d'instruction,

Pour qu'il vous plaise faire remettre immédiatement en liberté M. Naundorff, lui faire rendre les papiers dont il a été dépouillé; sous toute réserve par ledit M. Naundorff, de se pourvoir à l'ordinaire ou à l'extraordinaire contre qui de droit pour que justice soit faite.

Paris, 18 juin 1836.

Signé : MM. GRUAU, avocat, ancien procureur du roi; G. BOURBON-LEBLANC, avocat-consultant; BRIQUET, avocat à la cour royale.